BIBLIOTHÈQUE DRAMATIQUE
Théâtre moderne

L'AFFAIRE
DE
LA RUE DE LOURCINE

COMÉDIE-VAUDEVILLE EN UN ACTE

PAR

MM. LABICHE, A. MONNIER et E. MARTIN

Prix : 1 franc

PIÈCES NOUVELLES EN VENTE :

DON QUICHOTTE
Pièce en trois actes, en trois tableaux
Par Victorien Sardou. — Prix : 2 francs

LA FILLE DU MAUDIT
Drame en cinq actes
Par Jules Barbier. — Prix : 2 francs

LES PINCEAUX D'HÉLOÏSE
Vaudeville en un acte
Par Ad. Choler et H. Rochefort. — Prix : 1 franc.

MICHEL LÉVY FRÈRES, LIBRAIRES ÉDITEURS
RUE VIVIENNE, 2 BIS, ET BOULEVARD DES ITALIENS, 15
A LA LIBRAIRIE NOUVELLE

PARIS — 1864

L'AFFAIRE

DE

LA RUE DE LOURCINE

COMÉDIE MÊLÉE DE COUPLETS, EN UN ACTE

PAR

MM. Eugène LABICHE,
Albert MONNIER et Édouard MARTIN.

Représentée pour la première fois, à Paris, sur le Théâtre du Palais-Royal,
le 26 mars 1857.

PARIS
MICHEL LÉVY FRÈRES, LIBRAIRES ÉDITEURS
RUE VIVIENNE, 2 BIS, ET BOULEVARD DES ITALIENS, 15
A LA LIBRAIRIE NOUVELLE
—
1864
Tous droits réservés

Distribution de la Pièce.

LENGLUMÉ, rentier....................	MM. Arnal.
MISTINGUE........................	Hyacinthe.
POTARD, cousin de Lenglumé..........	Pellerin.
JUSTIN, domestique de Lenglumé........	Octave.
NORINE, femme de Lenglumé...........	Mme Thierret.

La scène est à Paris, chez Lenglumé.

Toutes les indications sont prises de la gauche et de la droite du spectateur. Les personnages sont inscrits en tête des scènes dans l'ordre qu'ils occupent au théâtre. Les changements de position sont indiqués par des renvois au bas des pages.

L'AFFAIRE DE LA RUE DE LOURCINE

Le théâtre représente la chambre à coucher de Lenglumé. Au fond, lit fermé par des rideaux ; lavabo, avec ses ustensiles. Cheminée, à gauche, deuxième plan ; porte au fond, à la droite du lit ; porte à la gauche du lit. Portes au premier et au deuxième plan de droite ; chaises, fauteuils, etc.

SCÈNE PREMIÈRE.
JUSTIN, puis NORINE.

(Au lever du rideau, le lit est fermé par les rideaux.)

JUSTIN, entrant à pas de loup.

Monsieur dort encore... ne le réveillons pas. (Regardant la pendule.) Neuf heures!.. Il est flâneur, Monsieur... (Il éternue.) Cré rhume!.. ça me tient dans le cerveau !

NORINE, entrant sur la pointe des pieds. Elle tient un pot de tabac et deux bouteilles *.

Eh bien ! est-il réveillé?

JUSTIN.

Pas encore... il est si flâneur, Monsieur.

NORINE.

Hein?.. Je vous prie de parler avec plus de respect...

JUSTIN.

Oh ! pardon!.. Faut-il le prévenir que Madame est là ?

NORINE.

Gardez-vous-en bien!.. C'est aujourd'hui sa fête, à ce pauvre ami .. et je veux lui faire une surprise... un pot de tabac, garni de maryland. (Elle le pose sur la cheminée **.)

JUSTIN, à part.

Mâtin !.. du maryland !.. Je m'en offrirai une pipe.

NORINE.

Plus, ces deux bouteilles de genièvre... sa liqueur favorite.

JUSTIN, à part.

Je m'en offrirai aussi une pipe. (Haut, s'oubliant.) C'est bien... posez ça là !

NORINE.

Comment! posez ça là ?

* J. N.
** N. J.

JUSTIN.

Oh! pardon!..

NORINE.

Je veux, au contraire, les porter dans le petit salon... De cette façon, il aura une surprise... en partie double, ce cher ange!

JUSTIN, à part.

Que cette femme est romanesque pour son embonpoint.

NORINE, prête à sortir.

Ah! Justin, on a collé hier du papier dans le cabinet de Monsieur... vous y allumerez un réchaud pour le faire sécher.

JUSTIN.

Oui, Madame...

NORINE.

Vous chercherez aussi le parapluie que j'ai emprunté au cousin Potard... un parapluie vert... avec une tête de singe... sa bonne est là qui l'attend.

JUSTIN.

Madame, faut que je brosse les habits.

NORINE.

Plus tard.

JUSTIN.

Cependant...

NORINE.

Vous raisonnez toujours!.. Je vous intime l'ordre de chercher ce parapluie... c'est clair! (Elle entre à gauche avec ses deux bouteilles.)

JUSTIN, seul, s'adressant à la porte.

Zut!.. zut!.. zut!.. Elle m'embête avec son parapluie! Prenons toujours les hardes de Monsieur pour les brosser!.. (Prenant des vêtements sur une chaise.) Voilà son habit, son gilet, ses bottes... Tiens! elles sont crottées!.. c'est curieux, ça!.. Monsieur qui n'est pas sorti hier... il est allé se coucher à cinq heures, en se plaignant d'un fort mal de tête... mais, je ne vois pas son pantalon!.. où est donc le pantalon?.. (Il trébuche contre une seconde paire de bottes.) Hein!.. encore des bottes!.. crottées!.. ah! c'est curieux, ça! (Apercevant d'autres vêtements sur une chaise.) Et un second habit... et un regilet!.. et pas le moindre pantalon!.. Est-ce que les jours de migraine M. Lenglumé s'habillerait en Écossais?.. Il y a quelque chose... (Il éternue.) Cré rhume!.. J'ai oublié mon mouchoir!.. Que je suis bête!.. (Il prend un mouchoir dans une des redingotes qu'il porte, et se mouche très-fort à plusieurs reprises.)

LENGLUMÉ, qui se réveille, dans l'alcôve.

Qui est-ce qui sonne du cor?..

JUSTIN.

Oh! j'ai réveillé Monsieur! (Il se sauve vivement par la droite, troisième plan.)

SCÈNE II.

LENGLUMÉ, seul, passant sa tête entre les rideaux.

Personne!.. Tiens, il fait grand jour!.. (Il se glisse en bas de son lit. Les rideaux se referment derrière lui. Il a son pantalon.) Où est donc mon pantalon?.. (Le regardant.) Tiens! je suis dedans!.. Voilà qui est particulier!.. je me suis couché avec... Ah! je me rappelle!.. (Avec mystère.) Chut! madame Lenglumé n'est pas là... Hier, j'ai fait mes farces... Sapristi, que j'ai soif! (Il prend une carafe d'eau sur la cheminée, et boit à même.) Je suis allé au banquet annuel de l'institution Labadens, dont je fus un des élèves les plus... médiocres... Ma femme s'y opposait... alors, j'ai prétexté une migraine; j'ai fait semblant de me coucher... et v'lan! j'ai filé chez Véfour... Ah! c'était très-bien... on nous a servi des garçons à la vanille... avec des cravates blanches... et puis du madère, du champagne, du pomard!.. Pristi, que j'ai soif!.. (Il boit à même la carafe.) Je crois que je me suis un peu... pochardé!.. Moi, un homme rangé!.. J'avais à ma droite un notaire... pas drôle! et à ma gauche, un petit fabricant de biberons, qui nous en a chanté une passablement... darbo! ah! vraiment, c'était un peu... c'était trop... Faudra que je la lui demande... Par exemple, mes idées s'embrouillent complétement à partir de la salade! (Par reflexion.) Ai-je mangé de la salade?.. Voyons donc!.. Non!.. Il y a une lacune dans mon existence! Ah çà! comment diable suis-je revenu ici?.. J'ai un vague souvenir d'avoir été me promener du côté de l'Odéon... et je demeure rue de Provence!.. Était-ce bien l'Odéon?.. Impossible de me rappeler!.. Ma lacune! toujours ma lacune!.. (Prenant sa montre sur la cheminée.) Neuf heures et demie!.. (Il la met dans son gousset.) Dépêchons-nous de nous habiller. (On entend ronfler derrière les rideaux.) Hein!.. on a ronflé dans mon alcôve! (Nouveaux ronflements.) Nom d'un petit bonhomme! j'ai ramené quelqu'un sans m'en apercevoir!.. De quel sexe encore?.. (Il se dirige vivement vers le lit. Norine paraît.)

SCÈNE III.

LENGLUMÉ, NORINE *.

NORINE.

Enfin, tu es levé!

LENGLUMÉ, à part.

Ma femme!

NORINE.

Eh bien! tu ne m'embrasses pas?

LENGLUMÉ.

Chut! (A part.) Elle va le réveiller!

* N. L.

NORINE.

Quoi?

LENGLUMÉ.

Rien!.. Allons faire un tour sur le boulevard.

NORINE.

Le boulevard! Tu n'es seulement pas habillé... Cette figure bouleversée... est-ce que tu serais malade?

LENGLUMÉ.

Oui... je t'avoue que...

NORINE, vivement.

Recouche-toi. (Appelant.) Justin!

LENGLUMÉ.

Chut!.. plus bas!..

NORINE.

Je vais refaire ton lit. (Elle se dirige vers l'alcôve.)

LENGLUMÉ, la retenant.

Non!.. ça va bien... ça va mieux *... c'était une crampe... allons faire un tour sur le boulevard.

NORINE, à part.

Qu'est-ce qu'il a?.. (Haut.) A propos! tu n'as pas vu le parapluie du cousin Potard... surmonté d'une tête de singe **?..

LENGLUMÉ.

Le parapluie?.. non. (A part, se souvenant.) Ah! bigre! je l'ai emporté hier au banquet Labadens!.. il sera resté dans ma lacune... près de l'Odéon...

NORINE, trouvant à terre un tour de cheveux.

Qu'est-ce que c'est que ça?

LENGLUMÉ.

Quoi?

NORINE.

Un tour de cheveux blonds!.. Palsambleu! Monsieur!..

LENGLUMÉ, à part.

Un tour!.. Mais alors... (Regardant l'alcôve.) c'est une femme! j'ai ramené une femme!..

NORINE.

Parlez, Monsieur!..

LENGLUMÉ, vivement.

C'est pour toi... un cadeau...

NORINE.

Mais j'ai des cheveux!..

LENGLUMÉ.

Oui... mais ils tomberont... c'est pour l'avenir!.. (On entend ronfler dans l'alcôve.)

NORINE.

Hein!.. quel est ce bruit?

* L. N.
** N. L.

LENGLUMÉ, à part.

Nom d'une trompe! (Haut.) c'est moi, c'est ma crampe... (Ronflant.) Cran!.. cran!.. ça vient de l'estomac!..

NORINE.

Voyons, dépêche-toi de t'habiller... c'est aujourd'hui le baptême du petit Potard... nous sommes parrain et marraine. (Nouveaux ronflements.)

LENGLUMÉ, il tape dans ses mains. A part.

On dit que ça les fait taire...

NORINE.

Qu'est-ce que tu fais là?

LENGLUMÉ.

J'applaudis... Tu me dis nous sommes parrain et marraine, et je réponds bravo! bravo!

NORINE.

En vérité, je ne sais ce que tu as aujourd'hui!.. Je vais achever de m'habiller!.. Nous déjeunerons dans un quart d'heure. (Elle sort par la gauche, deuxième plan.)

SCÈNE IV.

LENGLUMÉ, MISTINGUE *.

LENGLUMÉ, courant ouvrir les rideaux.

Madame!.. Mademoiselle!.. sortez!..

MISTINGUE, se réveillant.

Hein?.. heu!.. (Il a le nez très-rouge.)

LENGLUMÉ.

Un homme!

MISTINGUE, se mettant sur son séant.

Qu'est-ce que vous demandez, Monsieur?

LENGLUMÉ.

Comment ce que je demande?.. Que faites-vous là?.. dans mon lit!..

MISTINGUE.

Votre lit?.. (Regardant autour de lui.) Tiens!.. où suis-je donc ici!

LENGLUMÉ.

Chez moi, Monsieur! rue de Provence.

MISTINGUE, sautant vivement au bas du lit. Il a un pantalon.

Rue de Provence?.. et moi qui demeure près de l'Odéon!

LENGLUMÉ.

Voyons : parlez!

MISTINGUE.

De quel droit, Monsieur, me retenez-vous prisonnier?

LENGLUMÉ.

Ah! je trouve ça joli, par exemple!

* M. L.

MISTINGUE.
J'espère que vous allez m'expliquer comment je me trouve dans vos oreillers?.. Je ne vous connais pas, moi !
LENGLUMÉ.
Ni moi non plus ! (A part.) D'où tombe-t-il, cet animal-là ?
MISTINGUE.
Sapristi, que j'ai soif ! (Il va à la carafe et boit à même.)
LENGLUMÉ.
Eh bien, Monsieur !.. ne vous gênez pas !.. (Tout à coup.) Ah ! quelle idée !.. Pardon, jeune homme... n'auriez-vous pas banqueté hier chez Véfour ?
MISTINGUE.
Oui... Qu'est-ce que ça vous fait ?
LENGLUMÉ.
Alors vous êtes un labadens... moi aussi !
MISTINGUE.
Ah ! bah !
LENGLUMÉ.
Deux labadens !.. tout s'explique ! Lenglumé !.. Oscar Lenglumé !
MISTINGUE.
Ah ! oui ! une grosse bête !
LENGLUMÉ.
C'est ça !.. il me reconnaît !
MISTINGUE.
Et moi : Mistingue !
LENGLUMÉ.
Ah ! très-bien : un piocheur !.. Il me semble que j'y suis encore : premier prix de vers latins, l'élève Mistingue, né à Chablis ?
MISTINGUE.
C'est pourtant vrai !.. Est-on bête quand on est jeune !
LENGLUMÉ, à part.
Un prix de vers latins !.. Il doit être dans une très-bonne position ce gaillard-là *.
MISTINGUE, à part.
Il est crânement meublé !
LENGLUMÉ, lui tendant la main.
Comment te portes-tu ?
MISTINGUE.
Pas mal. Et toi ?
LENGLUMÉ.
Ce brave Mistingue !
MISTINGUE.
Ce brave Lenglumé !
LENGLUMÉ, à part.
C'est singulier comme il a le nez rouge !

* L. M.

SCÈNE IV.

MISTINGUE, à part.

Vrai, je ne le reconnais pas du tout!

LENGLUMÉ.

Ce brave Mistingue!

MISTINGUE.

Ce brave Lenglumé!

LENGLUMÉ, à part.

C'est drôle, quand on ne s'est pas vu depuis vingt-sept ans et demi... on n'a presque rien à se dire. (Haut.) Ce brave Mistingue!

MISTINGUE.

Ce brave Lenglumé!

LENGLUMÉ.

Mais explique-moi comment tu te trouves dans mon alcôve?

MISTINGUE.

Ça... je n'en sais rien... Je ne te cacherai pas qu'à partir du turbot, j'étais dans les brindezingues...

LENGLUMÉ.

Moi, ça ne m'a pris qu'à la salade.

MISTINGUE.

Qu'avons-nous fait pendant ce laps?

LENGLUMÉ.

On ne le saura jamais. Tout ce que je sais, c'est que j'ai perdu mon parapluie... surmonté d'une tête de singe...

MISTINGUE, gaiement.

Comme moi, mon mouchoir... Nous avons peut-être commis des atrocités!

LENGLUMÉ.

Moi d'abord, j'ai le vin tendre... j'ai le falerne tendre!.. comme dit Horace... Horatius!..

MISTINGUE.

Coclès...

LENGLUMÉ.

Non... Flaccus! Tu dois connaître ça, un prix de vers latins!

MISTINGUE.

Faiblement!.. faiblement!..

LENGLUMÉ.

Sapristi! que j'ai soif!.. (Il prend la carafe et boit à même.)

MISTINGUE.

Dis donc, après toi la carafe. (Lenglumé la lui repasse; il boit à son tour.)

LENGLUMÉ.

Ah çà! j'espère que nous ne nous quitterons pas comme ça? Deux labadens!.. Tu déjeunes avec moi?

MISTINGUE.

Ça va!

LENGLUMÉ.

Où ai-je mis la clef de la cave! (Il fouille à sa poche et en retire une poignée de noyaux.) Tiens! qu'est-ce que c'est que ça? des noyaux de cerises!

MISTINGUE, même jeu.

Et moi des noyaux de prunes!

LENGLUMÉ.

D'où vient cette plantation?

MISTINGUE.

Ça m'intrigue! (Avec philosophie.) Après ça, qui est-ce qui n'a pas son petit noyau ici-bas?

LENGLUMÉ, lui tendant la main, Mistingue y dépose ses noyaux.

Merci de cette bonne parole! (A part.) Comme il a le nez rouge!

SCÈNE V.

LES MÊMES, JUSTIN, rapportant les redingotes et les paires de bottes*.

JUSTIN, à part, apercevant Mistingue.

Tiens, Monsieur qui est deux! (Haut.) Monsieur!..

LENGLUMÉ.

Que veux-tu?

JUSTIN.

Je rapporte vos habits...

MISTINGUE.

Il a un joli domestique!

JUSTIN.

Et les deux paires de bottes.. (A part.) Par où est-il entré, celui-là?

LENGLUMÉ.

Tu mettras trois couverts... j'ai un ami à déjeuner... dépêche-toi.

JUSTIN.

Tout de suite, Monsieur. (A part.) Par où diable est-il entré? (Il sort.)

SCÈNE VI.

LES MÊMES, moins JUSTIN**.

(Tous deux s'asseyent et mettent leurs bottes.)

LENGLUMÉ.

Dis donc, je vais te présenter à ma femme... mais ne lui parle pas du banquet Labadens.

MISTINGUE.

Sois tranquille! (A part, entrant ses bottes.) Mâtin! elles sont justes!.. c'est l'humidité!

LENGLUMÉ, à part.

On dirait que mes bottes se sont élargies... c'est l'humidité!..

---

* L. M. J., va et vient.
** L. M.

SCÈNE VI.

(Haut tout en s'habillant.) Ah çà! tu dois être dans une jolie position, toi? un prix de vers latins!

MISTINGUE, s'habillant.

Oui... Je n'ai pas à me plaindre... je suis chef...

LENGLUMÉ.

De division?

MISTINGUE.

Non!..

LENGLUMÉ.

De bataillon?

MISTINGUE.

Non, je suis chef...

LENGLUMÉ.

Chef d'une nombreuse famille?

MISTINGUE.

Non, chef de cuisine.

LENGLUMÉ.

Hein!.. cuisinier?

MISTINGUE.

Prête-moi tes rasoirs... je vais me faire la barbe.

LENGLUMÉ.

Ah! non... merci!... Ils sont cassés! (A part.) Cuisinier! Je suis fâché de l'avoir invité!

MISTINGUE.

Ah çà! dépêchons-nous de déjeuner, car ce soir, je quitte la France.

LENGLUMÉ.

Comment?

MISTINGUE.

Je vais dans le duché de Brunswick.

LENGLUMÉ.

Ah! te posséder si peu!..

MISTINGUE.

Une place superbe!.. Quatre mille balles!.. et le beurre!

LENGLUMÉ, à part.

Ah! qu'il est commun!.. Si je pouvais le faire manger à la cuisine!

MISTINGUE, examinant ses mains qui sont toutes noires.

Ah! voilà qui est particulier!

LENGLUMÉ.

Parbleu! un cuisinier!

MISTINGUE, apercevant les mains de Lenglumé qui sont noires aussi.

Tiens!...

LENGLUMÉ.

Les miennes aussi!.. D'où diable cela peut-il venir? (Fouillant à sa poche et en tirant un morceau de charbon.) Du charbon!.. Tout à l'heure, c'étaient des noyaux!..

MISTINGUE, tirant aussi un morceau de charbon de sa poche.

Moi aussi! moi aussi!

LENGLUMÉ.

Ah çà! est-ce que nous aurions fraternisé cette nuit avec des charbonniers?

MISTINGUE.

Fouchtra de la catarina!

SCÈNE VII.

Les mêmes, NORINE, puis JUSTIN*.

NORINE.

Eh bien, es-tu prêt? (Apercevant Mistingue, et bas.) Quel est ce Monsieur?

LENGLUMÉ.

C'est... c'est un notaire!

MISTINGUE, bas à Lenglumé.

Superbe femme!.. Présente-moi.

LENGLUMÉ.

Oui... ma bonne amie... je te présente... l'élève Mistingue... né à Chablis...

MISTINGUE.

Et chef...

LENGLUMÉ, vivement.

D'une nombreuse famille. (Bas.) Tais-toi donc!

NORINE, saluant.

Monsieur...

MISTINGUE, idem.

Madame...

JUSTIN, apportant la table.

Le déjeuner est servi!

MISTINGUE.

Allons! à table! à table!..

NORINE, à part.

Comment à table?.. (Bas à son mari.) Est-ce que tu l'as invité?

LENGLUMÉ, bas.

Que veux-tu?.. c'est un labadens!.. un ami intime!.. tu prendras garde à l'argenterie!

NORINE.

Comment? à l'argenterie!..

LENGLUMÉ.

A table! à table!

Air de *L'Ouragan*.

ENSEMBLE.

A table! à table vite!
Ce repas
Aux mets délicats,
En vérité $\begin{Bmatrix} m' \\ l' \end{Bmatrix}$ exciet

* N. L. M.

SCÈNE VII.

L'appétit
Vaut mieux que l'esprit!

NORINE, à part.

Comme c'est agréable!.. recevoir un jour de baptême!

MISTINGUE, mangeant.

Voilà une sauce complétement ratée!

NORINE.

Hein?

MISTINGUE.

Ce n'est pas pour me vanter; mais quand je m'y mets!..

LENGLUMÉ, bas.

Mais tais-toi donc! (Haut à sa femme.) T'en offrirai-je, ma louloute?

NORINE, séchement.

Merci! puisque la sauce est mauvaise!

MISTINGUE.

Moi, je fais revenir mes oignons... j'ajoute un verre de vin blanc, et je tourne, je tourne... pour que ça mijote.

NORINE, à part.

Quel drôle de notaire!.. (Haut.) Justin... donnez-moi le journal.

JUSTIN, à part.

Saprelotte!.. je l'ai prêté à la cuisinière du premier, pour lire son feuilleton!..

MISTINGUE.

Vous ne mangez pas, madame Louloute?

NORINE, furieuse.

Il m'appelle Louloute!

LENGLUMÉ.

C'est un lapsus... Un peu d'omelette?

NORINE.

Je n'ai pas faim.

JUSTIN, prenant un journal qui enveloppe le pot à tabac.

En voilà un vieux... 1837... Après ça, elle ne lit que le chiens écrasés, ça n'a pas de date.

NORINE.

Eh bien!.. ce journal?..

JUSTIN.

Voici, Madame.

LENGLUMÉ, à Mistingue qui se verse du vin.

Voulez-vous de l'eau?

MISTINGUE.

Jamais!.. je suis au régime.

LENGLUMÉ, à part.

Ceci m'explique son nez. (Justin prend un plat et sort.)

NORINE, qui a parcouru le journal.

Ah! mon Dieu! quel épouvantable événement!

MISTINGUE ET LENGLUMÉ.

Quoi donc?

NORINE, lisant.

« Ce matin, rue de Lourcine, la cadavre d'une jeune charbonnière a été trouvé horriblement mutilé... »

LENGLUMÉ.

C'est affreux! je reprendrai de l'omelette!

MISTINGUE.

Moi aussi!

NORINE, continuant.

« On suppose que les assassins étaient au nombre de deux... »

LENGLUMÉ.

Deux contre une femme! les lâches!.. Elle est un peu salée.

MISTINGUE.

Trop.

NORINE, continuant.

« La justice est sur la trace des coupables, grâce à deux pièces de conviction... »

LENGLUMÉ.

Bravo! c'est bien fait!

NORINE, continuant.

« Un parapluie vert, surmonté d'une tête de singe... »

LENGLUMÉ ET MISTINGUE.

Hein?..

NORINE.

Juste! comme celui du cousin Potard.

LENGLUMÉ, à part.

Ah! mon Dieu!

NORINE.

Et un mouchoir marqué : J. M.

MISTINGUE.

Ma marque! mes cheveux se dressent!

NORINE, reprenant sa lecture.

« Que les deux bandits, qui étaient en état d'ivresse... »

LENGLUMÉ, à part.

C'est bien ça!

NORINE, achevant.

« Ont oublié près d'un sac à charbon que portait la victime.

LENGLUMÉ.

Du charbon! (Lenglumé et Mistingue regardent leurs mains noires et poussent un cri.) Ah!

NORINE.

Qu'avez-vous donc?

LENGLUMÉ ET MISTINGUE, cachant vivement leurs mains sous la table.

Rien!.. rien!..

NORINE, à Mistingue.

Une côtelette, Monsieur?

MISTINGUE.

Merci!.. merci!.. je n'ai plus faim!

NORINE.

Et toi, mon ami?

LENGLUMÉ.
Moi non plus!
NORINE, à Justin qui vient de rentrer.
Justin! servez le dessert!
MISTINGUE.
Je n'en prendrai pas!
LENGLUMÉ.
Nous n'en prendrons pas.
NORINE.
Alors, le café!.. les liqueurs!.. (Justin sort.)
MISTINGUE.
Mille grâces!.. j'ai fini!
LENGLUMÉ.
Nous avons fini!
NORINE, tendant son verre.
Eh bien! donne-moi à boire.
LENGLUMÉ, les mains sous la table.
Non!.. j'ai ma crampe!.. (Norine tend son verre à Mistingue.)
MISTINGUE, de même.
Moi aussi... j'ai sa crampe!
NORINE, à part.
Pourquoi diable mettent-ils leurs mains sous la table?
JUSTIN, rentrant et posant sur la table un plateau contenant le café et les liqueurs.
Madame, M. Potard est dans le petit salon.
NORINE, se levant.
Mon cousin!.. le père de notre filleul... J'y vais.

CHŒUR.

AIR : *Dans notre noble Venise.*

Quelle drôle d'aventure!
Je fais } bien triste figure.
Il fait
Si j'en sors blanc, je le jure,
Je serai } guéri,
Il sera
Ravi!

(Norine sort suivie de Justin qui a porté la table à droite.)

SCÈNE VIII.
LENGLUMÉ, MISTINGUE*.

LENGLUMÉ, montrant ses mains.
Eh bien, Mistingue!
MISTINGUE, de même.
Eh bien, Lenglumé!
LENGLUMÉ.
Plus de doute!.. c'est nous qui avons fait le coup!

* M. L.

MISTINGUE.
Je n'osais pas te le dire !..
LENGLUMÉ.
C'est horrible !
MISTINGUE.
Moi qui ai le vin si gai !
LENGLUMÉ, poétiquement.
Pauvre charbonnière !.. moissonnée à la fleur de l'âge !
MISTINGUE.
A coups de parapluie !.. Dis donc : il faudrait peut-être nous laver les mains.
LENGLUMÉ, à part.
Il est canaille... mais plein de présence d'esprit ! (Haut.) Vite ! de l'eau !
MISTINGUE.
Une brosse ! du savon !.. (Ils courent au lavabo qu'ils apportent sur le devant de la scène et s'y lavent les mains.

ENSEMBLE.

Air : Finale du premier acte de *Renaudin de Caen* (Doche.)

Lavons nos mains,
Et soyons bien certains
D'enlever tout indice.
Ne tremblons plus, car la justice
Par ce moyen ne saura rien !
Tout ira bien } *bis*
Par ce moyen }
La justice
N'en saura rien !

MISTINGUE.
Si nous voulons passer pour gens honnêtes
C'est beaucoup d'avoir les mains nettes !
LENGLUMÉ.
Oui, mais, réponds, ta conscience, hélas !
Est-ce toi qui la laveras ?
MISTINGUE.
Ah ! pour cela, point d'embarras,
La conscience, ami, ça n' se voit pas !
LENGLUMÉ.
Il a raison, ça n' se voit pas !
Mais, parle bas !
Du silence !
De la prudence !

ENSEMBLE.

De la prudence !
Lavons nos mains, etc.

SCÈNE IX.
LES MÊMES, NORINE, POTARD.

NORINE, à la cantonade.

Entrez, cousin... (Apercevant son mari et Mistingue qui se lavent les mains avec acharnement.) Eh bien! qu'est-ce que vous faites donc là*?

LENGLUMÉ, très-ému.

Tu vois... nous nous... nous nous...

MISTINGUE.

Lavons les mains.

LENGLUMÉ, reportant le lavabo.

Elles n'étaient pas noires!

MISTINGUE.

Au contraire.

LENGLUMÉ.

C'est pour nous distraire... entre labadens!.. on fait la partie de se laver...

NORINE, à part**.

Quelles singulières figures!..

POTARD.

Je vous dérange, cousin?

LENGLUMÉ.

Du tout!

POTARD.

A propos! Et mon parapluie?

LENGLUMÉ, bondissant.

Sapristi!

MISTINGUE, bas.

Tenez-vous donc?

NORINE.

Je n'y comprends rien... impossible de le retrouver.

POTARD.

Ah! il ne peut pas se perdre; mon nom est gravé sur le manche, avec mon adresse.

LENGLUMÉ, bas, défaillant.

Je suis perdu!.. il dira qu'il me l'a prêté!

MISTINGUE, bas.

Tenez-vous donc!

NORINE,

Tu es sorti hier soir, mon ami?

LENGLUMÉ.

Jamais!.. jamais!.. j'invoque un alibi!

MISTINGUE, vivement.

Nous étions à Vaugirard.

* M. N. L. P.
** M. L. N. P.

NORINE, à part.

Vaugirard? un alibi?.. qu'est-ce qu'ils ont? (Haut.) Cependant tes bottes étaient crottées!

POTARD.

Et je vous ai rencontrés, mes gaillards!

LENGLUMÉ, bas.

Un témoin à charge!

MISTINGUE, à part.

Sapristi!

NORINE.

Rencontrés!.. Et où cela, S. V. P.?

POTARD.

Mais dans un endroit...

MISTINGUE, l'interrompant vivement.

C'est faux!

LENGLUMÉ.

Nous tournions le dos à la rue de Lourcine.

POTARD.

Qui vous parle de la rue de Lourcine?.. J'ai rencontré ces Messieurs au théâtre de l'Odéon.

LENGLUMÉ ET MISTINGUE.

Hein?..

POTARD.

Et je ne les ai pas quittés de la soirée.

LENGLUMÉ.

Pas quittés!

MISTINGUE.

De la soirée! (Tous deux dansent en chantant.) Tra, la, la, la, la!

NORINE, à part.

Mon mari devient fou! (Criant.) Lenglumé! Lenglumé!.. mais habille-toi donc pour le baptême!

LENGLUMÉ, avec exaltation.

Oh! oui! je veux sortir! je veux respirer la brise! je veux baptiser le petit Potard!.. et regarder en face toute la gendarmerie française!.. (Il embrasse sa femme.)

NORINE.

Mais finis donc! tu me chiffonnes!.. Venez, cousin, laissons-le s'habiller... je vous montrerai la robe de baptême pour votre petit garçon. (A son mari.) Dépêche-toi! (Elle entre à gauche, deuxième plan. Potard reste au fond.)

LENGLUMÉ, bas.

Il était inutile de nous laver les mains.

MISTINGUE, bas.

Ah ben! c'est fait, à présent!

LENGLUMÉ.

L'Odéon!

MISTINGUE.

L'Odéon! (Ils s'embrassent.)

POTARD, descendant *.

Mais c'est une craque!.. Vous savez bien qu'en été il est fermé, l'Odéon.

LENGLUMÉ ET MISTINGUE, terrifiés.

Hein?.. fermé!..

POTARD.

Devant votre femme, je n'ai pas voulu dire ce que je savais...

LENGLUMÉ.

Quoi?

MISTINGUE.

Que savez-vous?

NORINE, dans la coulisse.

Venez donc, cousin!

POTARD.

Voilà! voilà! (Avant de sortir.) Ah! vous êtes deux fiers scélérats! (Il entre au deuxième plan, à gauche.)

SCÈNE X.
LENGLUMÉ, MISTINGUE **.

MISTINGUE.

Deux scélérats!

LENGLUMÉ.

Il sait tout!.. ces émotions me disloquent!

MISTINGUE.

Moi, je ruisselle! (Il va à la table et se verse un grand verre de curaçao ***.)

LENGLUMÉ.

Qu'est-ce que tu fais là?

MISTINGUE, buvant.

Je ne sais pas, mais quand j'ai du tintouin, je m'étourdis!..

LENGLUMÉ.

Allons! donne-moi un verre d'eau rougie... ça m'étourdira peut-être aussi...

MISTINGUE, lui versant un plein verre de curaçao.

Avale-moi ça... c'est un velours.

LENGLUMÉ, vidant le verre d'un trait.

Mais, c'est du curaçao!

MISTINGUE.

De Hollande!

LENGLUMÉ.

C'est doux... ah! ça fait du bien!

MISTINGUE.

Ça donne du ton. (Ils fouillent dans leurs poches pour en tirer leurs mouchoirs. Lenglumé amène un bonnet de femme, et Mistingue un soulier.)

* M P. L.
** M. L.
*** L M.

LENGLUMÉ.

Hein!.. un bonnet de femme à présent!

MISTINGUE.

Un soulier!

LENGLUMÉ.

Les dépouilles de notre victime!.. il paraît que nous l'avons décoiffée!

MISTINGUE.

Et déchaussée!

LENGLUMÉ.

Moi, un homme rangé!.. comment faire disparaître ces traces?.. Ah! dans ce pot à tabac!

MISTINGUE.

As-tu un puits dans ta maison? (Il heurte une chaise.) Aïe!

LENGLUMÉ, effrayé.

Les gendarmes! (Il fourre le bonnet dans le pot à tabac.)

MISTINGUE.

Non... je me suis cogné.

LENGLUMÉ.

Dieu! que j'ai eu peur!

MISTINGUE.

Mais ce soulier?

LENGLUMÉ.

Fais-le disparaître!.. mange-le!.. n'hésite pas!

MISTINGUE, faisant mine de l'avaler, et s'arrêtant.

Non... je vais le réduire en cendres... Où y a-t-il du feu?

LENGLUMÉ, indiquant la gauche, premier plan.

Là, dans cette chambre. (Apercevant ses mains qui sont redevenues noires.) Ah!

MISTINGUE, bondissant.

Les gendarmes!

LENGLUMÉ.

Non!.. toujours ce charbon qui reparaît... comme la tache de sang de Macbeth!..

MISTINGUE, montrant ses mains.

Les miennes aussi!

LENGLUMÉ.

Ah! je ne veux plus tuer de charbonnière, c'est trop salissant!

MISTINGUE.

Vite de l'eau!

LENGLUMÉ.

Une brosse!.. du savon! (Ils courent au lavabo, le rapportent et se lavent les mains en reprenant la seconde partie de l'air précédent.)

Lavons nos mains, etc.

SCÈNE XI.
Les mêmes, NORINE *.

NORINE.
Eh bien! es-tu prêt? (Les apercevant.) Comment encore!

MISTINGUE, ahuri.
On n'entre pas!...

NORINE.
Ah ça! tu te laveras donc les mains toute la journée? (Mistingue reporte le lavabo au fond, à droite.)

LENGLUMÉ.
C'est aujourd'hui ma fête, et alors...

NORINE.
Ta fête! tu ne m'as seulement pas remerciée de ma surprise.

LENGLUMÉ.
Quelle surprise?

NORINE.
Ce pot de tabac, comment le trouves-tu? (Elle se dispose à l'ouvrir.)

L'ENGLUMÉ, à part.
Le bonnet! (Haut.) Ne touche pas!

MISTINGUE, la retenant.
Ne touchez pas!

NORINE.
Pourquoi ça?

LENGLUMÉ.
Parce que ça pourrait s'éventer.

MISTINGUE.
Le tabac... c'est comme l'éther!

NORINE, à part.
Oh! il y a quelque chose! (Haut.) Encore une fois, dépêche-toi, on va nous attendre!

LENGLUMÉ.
Je vais chercher mon chapeau. (A part.) Je cours à la préfecture demander un passe-port... et dans un quart d'heure, je serai en Amérique.

ENSEMBLE.
Air : *La cloche nous appelle.*

NORINE.
Quel singulier langage!
Qu'il est extravagant!...
J'en saurai davantage.
Dans un autre moment.

LENGLUMÉ ET MISTINGUE.
Ah! reprenons courage
Et fuyons l'ouragan!

* L. N. M.

Fallût-il, à la nage,
Traverser l'Océan*!
MISTINGUE, à part.
La frayeur qui m'inspire
Agite tout mon corps;
Je m'en vais faire cuire
Le soulier du remords!

REPRISE ENSEMBLE.

LENGLUMÉ ET MISTINGUE.
Ah! reprenons courage, etc.
NORINE.
Quel singulier langage, etc., etc.

(Lenglumé sort par le fond. Mistingue entre à gauche, premier plan.)

SCÈNE XII.

NORINE, puis POTARD.

NORINE, seule.
Bien sûr, il y a quelque chose... cette figure renversée... quand j'ai voulu ouvrir ce pot de tabac... qu'est-ce que ça peut-être?.. (Elle s'en approche.)
POTARD, entrant **.
Oh! ma cousine, c'est trop!.. Vous avez fait des folies.
NORINE, s'éloignant du pot à tabac sans l'avoir ouvert.
Quoi donc?
POTARD.
Une robe brodée... et deux petits bonnets!..
NORINE.
Ne parlons pas de ça... N'êtes-vous pas notre seul parent du côté des Frottemouillard?
POTARD.
C'est vrai... Vous êtes si bonne pour moi... cela m'encourage, cousine, j'ai une demande à vous faire.
NORINE.
A moi?
POTARD.
C'est-à-dire à votre mari.
NORINE.
Voyons!
POTARD.
C'est que... c'est une demande d'argent.
NORINE.
Eh bien! qu'est-ce que ça fait?
POTARD.
Pendant sa grossesse ma femme a eu des envies ruineuses... elle ne voulait manger que du melon et des fraises...

* M. L. N.
** P. N.

NORINE.
Moi, j'avalais des boîtes de sardines.
POTARD.
J'aurais préféré des sardines, parce que les melons et les fraises... au mois de janvier !.. ça coûte cher!.. mais j'avais peur que le petit n'en fût marqué.
NORINE.
Mon filleul marqué d'un melon! quelle horreur!
POTARD.
Bref! je dois quinze cents francs à un marchand de comestibles qui me poursuit!
NORINE.
Eh bien! il faut les payer... nous sommes riches.
POTARD.
Ah! cousine!
NORINE.
A qui prêterons-nous notre argent, si ce n'est à vous, notre seul parent du côté des Frottemouillard!
POTARD.
Que de bontés! je n'ai jamais douté de vous... mais...
NORINE.
Quoi?
POTARD.
C'est votre mari... il est un peu dur à la détente, le père Lenglumé.
LENGLUMÉ, dans la coulisse.
Je n'y suis pour personne!
NORINE.
Le voici! il faut lui parler ; je vous soutiendrai.

SCÈNE XIII.

Les mêmes, LENGLUMÉ*.

LENGLUMÉ, entrant très-agité, à part.
C'est aujourd'hui dimanche... la préfecture est fermée... et pas de passe-port... malédiction!
NORINE.
Mon ami!..
LENGLUMÉ, à part.
Ma femme!.. prenons une figure de jubilation. (Haut.) Ah! je suis très-gai!.. (Avec mauvaise humeur.) Ah! je suis très-gai!
NORINE.
Tant mieux! C'est le cousin Potard... qui aurait une petite confidence à te faire.
LENGLUMÉ, à part.
Le cousin Potard!.. mon témoin à charge! (Haut.) En effet... je crois que nous avons à causer... à causer seul à seul... laisse-nous, ma bonne amie.

* P. N. L.

NORINE.
Mais...
LENGLUMÉ.
Laisse-nous.
NORINE.
Je m'en vais! (Bas à Potard*.) Allez... du courage!
CHŒUR.
Air du *Palais de chrysocale* (MANGEANT).

Il faut qu'on s'explique,
C'est trop hésiter.
Soyons } énergique,
Soyez
Osons } l'affronter!
Osez

(Norine sort par le fond.)

SCÈNE XIV.
LENGLUMÉ, POTARD **.

LENGLUMÉ.
Nous sommes seuls... parle bas!..
POTARD.
Ah!.. il faut parler bas?..
LENGLUMÉ.
Oui.
POTARD, à part.
Pourquoi ça?
LENGLUMÉ.
Eh bien! Potard, c'est atroce, n'est-ce pas?
POTARD.
Quoi?
LENGLUMÉ.
Tu m'as vu cette nuit?
POTARD.
Je vous ai même suivi... vous battiez les murs... et tout ce qui se trouvait devant vous... avec mon parapluie... pif! paf! pan!
LENGLUMÉ, à part.
La malheureuse!..
POTARD.
Ah! vous allez bien quand vous vous y mettez!
LENGLUMÉ.
Je te jure que c'est la première fois que je m'y mets!.. Pauvre femme!..

* N. P. L.
** P. L.

SCÈNE XIV.

POTARD.
Votre femme n'en saura rien.

LENGLUMÉ.
Oui... mais l'autre! (Il indique le ciel.)

POTARD, à part, riant.
Comment!.. il en a une autre!.. au-dessus?

LENGLUMÉ.
Potard... j'ai une demande à t'adresser.

POTARD.
Moi aussi!

LENGLUMÉ.
Tu ne voudrais pas me mettre dans la peine, n'est-ce pas? toi, notre seul parent du côté des Frottemouillard!

POTARD.
Parlez, cousin.

LENGLUMÉ.
Eh bien! si jamais on te demande à qui tu as prêté ton parapluie... ton sinistre parapluie!..

POTARD.
Qu'est-ce qu'il a?

LENGLUMÉ.
Réponds... Ah! réponds que tu l'as égaré dans le chemin de fer de Versailles en allant voir jouer les eaux, un dimanche!..

POTARD.
Tiens!.. quelle drôle d'idée!

LENGLUMÉ.
Tu m'as compris?

POTARD.
C'est-à-dire...

LENGLUMÉ, lui serrant la main.
Merci!.. merci!.. (Soupir de satisfaction.)

POTARD, à part.
Il a l'air bien disposé. (Haut.) Cousin, à mon tour : j'ai un service à vous demander.

LENGLUMÉ.
Parle, tu sais bien que je n'ai rien à te refuser.

POTARD.
C'est que... il s'agit d'argent...

LENGLUMÉ.
Ah! il s'agit... (A part.) Il veut me faire chanter! (Haut.) Voyons... tu es honnête... sois modéré : combien!

POTARD, après avoir hésité.
Quinze cents francs!..

LENGLUMÉ, joyeux.
Pas plus? (A part.)

Air de *Voltaire chez Ninon.*
Le progrès règne maintenant.
Jadis on ne faisait usage

Que de l'art sublime du chant.
A présent on a... le chantage !
(A Potard.)
Noble cœur ! de toi je suis fier,
Tu pouvais, sur ta serinette,
Me faire chanter un grand air ;
Tu t'en tiens à la chansonnette !

C'est très-gentil !(Lui remettant deux billets.) Voilà !

POTARD.

Ah ! cousin !.. tant de générosité !.. Tenez, laissez-moi vous remercier ! (Il l'embrasse.)

LENGLUMÉ, touché.

Ah! tu ne crains pas de m'embrasser, toi! tu es un homme fort!

POTARD, à part.

Qu'est-ce qu'il a ? (Haut.) J'entre dans votre cabinet pour écrire à mon créancier. Vous permettez ?

LENGLUMÉ.

Tout ; mais tu me jures de jeter un voile épais ?..

POTARD.

Sur quoi ?

LENGLUMÉ.

Sur cette nuit d'horreur !

POTARD.

Allons donc !.. une peccadille !..

LENGLUMÉ, satisfait.

Une peccadille !.. Oh! tu es un homme fort !

POTARD.

Soyez tranquille, je n'en parlerai à personne... excepté à ma femme pourtant !

LENGLUMÉ.

Ta femme ? La première bavarde du quartier !

POTARD.

Je ne peux rien lui cacher. Elle a un talent pour me tirer les vers du nez.

LENGLUMÉ.

Potard !.. au nom du ciel !..

POTARD.

Non ; je ne pourrais pas vous tenir parole ! (Il se dirige vers le cabinet.)

LENGLUMÉ, courant après lui.

Potard !.. Potard !..

POTARD.

C'est impossible ! (Il entre à droite, premier plan, et ferme la porte.)

* L. P.

SCÈNE XV.

LENGLUMÉ, puis JUSTIN.

LENGLUMÉ.

Impossible!.. Je suis un homme perdu! Sa femme va tout raconter, et le mois prochain on criera : V'là c' qui vient de paraître!.. Horrible assassinat, commis par la bande Lenglumé! ça ne se vend qu'un sou! (Frissonnant.) Brrrr!.. Dire que si je pouvais fermer la bouche à cet homme, tout serait fini!.. tout!..

JUSTIN, entrant de la gauche *, avec un réchaud de charbon.

Il est complet l'ami de Monsieur.

LENGLUMÉ, à part.

Du monde! (Il se retourne.)

JUSTIN, à part, riant.

Il a bu tout le genièvre... Dans ce moment, il fait cuire un soulier sur le gril et il pleure dessus!

LENGLUMÉ.

Où vas-tu?... (Montrant le réchaud.) Qu'est-ce que c'est que ça ?

JUSTIN.

C'est un réchaud de charbon allumé, je le porte dans la bibliothèque pour sécher le papier. (Il entre à droite. Premier plan.)

LENGLUMÉ, seul.

Un réchaud!.. Et Potard qui est là!.. il va l'asphyxier!.. (Gaiement.) Il va l'asphyxier... ce garçon-là finira mal!..

NORINE, dans la coulisse.

Lenglumé!.. Lenglumé!..

LENGLUMÉ.

N'entre pas!.. n'entre pas! (Il sort vivement par la gauche, deuxième plan.)

JUSTIN, rentrant.

J'ai ouvert les deux fenêtres... à cause de ce Monsieur qui écrit... Mais, pourquoi diable l'autre fait-il cuire son soulier?.. ah! il est cocasse!.. il dit qu'il a massacré une charbonnière, rue de Lourcine... et qu'il a mis son bonnet dans un pot... ce que c'est que les liqueurs!.. Tiens! le tabac!.. Monsieur n'y est pas... je vais bourrer ma pipe. (Il tire sa pipe et ôte le couvercle du pot.)

LENGLUMÉ, revenant et apercevant Justin **.

Qu'est-ce que tu fais là?

JUSTIN.

Oh! (Il tourne vivement le dos au pot et continue à bourrer sa pipe par derrière; au lieu de tabac, il y fourre les rubans du bonnet.)

LENGLUMÉ.

Va-t'en.

* L. J.
** J. L.

JUSTIN.

Oui, Monsieur. (En s'éloignant il entraîne le bonnet.) Un bonnet!

LENGLUMÉ.

Silence!

JUSTIN.

Ah! mon Dieu!.. c'était donc vrai... celui de la charbonnière!.. dans un pot!

LENGLUMÉ, effrayée.

Comment!.. tu sais?..

JUSTIN.

Rue de Lourcine!

LENGLUMÉ, le saisissant à la gorge.

Misérable!.. je vais t'étrangler!

JUSTIN.

Au secours! au secours! (Il se sauve à droite, deuxième plan.)

SCÈNE XVI.

Les mêmes, NORINE*.

NORINE.

Ces cris!.. qu'y a-t-il?

LENGLUMÉ, très-calme.

Rien... je causais avec Justin... ce brave Justin!..

NORINE, un papier à la main.

Qu'est-ce que c'est que cette note que je viens de recevoir!.. tu n'as rien demandé?

LENGLUMÉ.

Non! (A part.) Il faut absolument qu'il se taise!.. il le faut!.. (Il se dirige vers la porte par laquelle est entré Justin.)

NORINE.

Où vas-tu?..

LENGLUMÉ, tranquillement.

Casser du sucre.. avec ce brave Justin!.. (A part.) Il le faut!

SCÈNE XVII.

NORINE, puis JUSTIN.

NORINE.

Casser du sucre par là!.. mais les volets sont fermés...

JUSTIN, paraissant à la porte de gauche, deuxième plan.

Madame... on attend pour cette petite note. (Il disparait.)

NORINE.

Je n'y comprends rien!.. absolument rien!.. sans doute il y a erreur... il faut qu'on s'explique... je vais voir... (Appelant.) Justin!.. Justin!.. (Elle sort par la gauche.)

* N. L.

SCÈNE XVIII.
LENGLUMÉ, NORINE.

LENGLUMÉ, pâle, défait. En entrant, il va à la table et boit deux verres de curaçao. Musique à l'orchestre.
C'est fait!.. c'est horrible!.. c'est fait!.. Je lui ai dit : Justin, mille francs pour toi si tu veux te taire... pas de réponse!.. deux mille francs!.. c'était pourtant gentil... mais je ne voulais rien avoir à me reprocher, pas de réponse!.. alors, je me jette à ses genoux... il me fait : psch ! psch!.. pour me narguer!.. Je m'emporte! je m'exaspère! je lui saute au cou! il m'égratigne!.. Je serre!.. j'entends un râle... miaou!.. c'était fait... c'est bien simple!.. Comme l'homme est peu!.. pauvre Justin! j'avais toujours pensé que ce garçon-là finirait mal... (Se grisant par degré.) Ce que c'est que le remords... tout tourne... tout danse autour de moi... comme au banquet Labadens.

MISTINGUE, en dehors.
Air de *Dufresny* (LES VENDANGES, sans l'orchestre).
Dans la vigne à Claudine
Les vendangeurs y vont.

LENGLUMÉ, complétement gris.
Tiens!.. le petit biberon qui chante sa darbo!..

SCÈNE XIX.
LENGLUMÉ, MISTINGUE.

MISTINGUE, entrant et continuant.
On choisit à la mine
Ceux qui vendangeront*.

LENGLUMÉ.
Aux vendangeurs qui brillent
On y donne le pas;
Les autres y grappillent,
Mais n'y vendangent pas!

ENSEMBLE.
Les autres y grappillent
Mais n'y vendangent pas!

MISTINGUE.
Je ris... je ris comme un bossu!

LENGLUMÉ.
Moi aussi!

MISTINGUE.
Tu sais bien le soulier de la charbonnière?..

LENGLUMÉ.
Oui... oui...

* L. M.

MISTINGUE.

C'est comique !.. je l'ai mis sur le gril... il se tortille... il se retourne, et il fait coui ! coui !

LENGLUMÉ, très-gaiement.

Coui ! coui !.. (A Mistingue.) Tu sais bien, Potard... le témoin à charge ?

MISTINGUE.

Oui.

LENGLUMÉ, riant.

Couic !

MISTINGUE.

Bon ! très-bon !

LENGLUMÉ.

Et Justin ! (Même geste.) Couac !

MISTINGUE.

Bon ! très-bon !

LENGLUMÉ.

Comme ça, il n'y a plus de témoins !.. plus personne !

MISTINGUE.

Absolument ! Ah ! si ! il y a quelqu'un !

LENGLUMÉ, furieux.

Où est-il ?

MISTINGUE.

Toi !

LENGLUMÉ.

Et toi !

MISTINGUE, à part.

C'est peut-être indélicat ce que je vais dire là !.. (Riant.) Si je supprimais Lenglumé ?

LENGLUMÉ, à part.

A la merci d'un ivrogne !.. Si je supprimais Mistingue !.. Ça y est !..

MISTINGUE, à part.

Ça va !

LENGLUMÉ, lui tendant la main.

Ce brave Mistingue !..

MISTINGUE, même jeu.

Ce brave Lenglumé !

LENGLUMÉ, à part.

Un labadens ! ça me fait de la peine !..

MISTINGUE, à part.

Ça me fait de la peine !.. un labadens *!

TOUS DEUX, frappés d'une idée.

Ah !..

LENGLUMÉ, prenant sur la table une grande cuiller à potage.

Ceci fera l'affaire !..

* M. L.

SCÈNE XIX.

MISTINGUE, allant prendre une bûche près de la cheminée.

Dès que je pourrai trouver mon petit joint... une vingtaine de coups !

LENGLUMÉ. Il prend le journal et présente une chaise à Mistingue.

Asseyons-nous, mon ami !..

MISTINGUE, apportant une chaise.

Volontiers !.. (A part.) Exauçons ses dernières volontés ! (Ils s'asseyent.)

LENGLUMÉ.

Et lis-moi le journal.

MISTINGUE, à part.

Tiens ! si ça pouvait l'endormir.

LENGLUMÉ.

Tu y verras l'histoire de la malheureuse charbonnière...

MISTINGUE.

Bien malheureuse, en effet !

LENGLUMÉ.

Y es-tu ?

MISTINGUE.

J'y suis !.. (Lisant.) « Mardi prochain, tout Paris se portera sur la place de la Concorde pour assister à l'érection de l'obélisque de Louqsor... »

LENGLUMÉ, debout, derrière lui, et tenant sa cuiller à deux mains, prêt à l'assommer.

L'obélisque !.. qu'est-ce qu'il chante ?

MISTINGUE.

C'est imprimé !

LENGLUMÉ, prenant le journal et lisant.

« Le monolithe sera découvert demain, 24 juillet 1837. » (Avec joie.) 1837 !..

MISTINGUE, la bûche en l'air.

Hein !.. 1837 !

LENGLUMÉ.

C'est un vieux journal !..

MISTINGUE.

Il y a vingt ans !.. Mais alors la charbonnière..?

LENGLUMÉ.

Nous sommes innocents !.. Ah ! mon ami !.. (Ils tombent dans les bras l'un de l'autre en s'embrassant avec effusion.) Et moi, qui allais t'assommer !

MISTINGUE.

Tiens ! moi aussi !

LENGLUMÉ, se dégageant.

Ah ! ça va mieux ! ça me dégrise !.. (Se rappelant tout à coup.) Ah ! sapristi ! et les deux autres !.. car tu sais... j'ai tué deux hommes !

MISTINGUE, vivement.

Ah ! mais, je n'en suis pas de ceux-là !

SCÈNE XX.

LES MÊMES, JUSTIN, puis POTARD *.

JUSTIN, entrant par la gauche, deuxième plan.

Monsieur, Madame fait demander si...

LENGLUMÉ.

Hein!.. tu n'es pas mort?

JUSTIN.

Par exemple!

LENGLUMÉ.

Brave garçon!.. Tiens, voilà cent sous pour toi !

JUSTIN.

Pour n'être pas mort?

LENGLUMÉ.

Reste à un !

*POTARD, sortant, sa lettre à la main **.*

Cousin, je vous remercie!

LENGLUMÉ.

L'autre... Tu n'es pas mort ?

POTARD.

Comment?

LENGLUMÉ.

Bon jeune homme !.. Tiens, voilà cent sous pour toi!

POTARD.

Cent sous!..

LENGLUMÉ.

Reste à zéro!

MISTINGUE, à part.

Sapristi! j'ai mal à la tête!.. (Il remonte et disparaît derrière les rideaux du lit.)

LENGLUMÉ.

Mais qui donc était là? là... dans ce cabinet?

SCÈNE XXI.

LES MÊMES, NORINE ***.

NORINE, entrant.

C'est horrible!.. c'est affreux!

TOUS.

Qu'y a-t-il?

NORINE.

Moumoute, ma chatte ! que je viens de trouver sans sance!

* M. J. L.
** M. L. P. J.
*** J. L. N. P.

SCÈNE XXI.

LENGLUMÉ.
La chatte!.. un chatricide!
NORINE.
Ah! Monsieur, je ne vous le pardonnerai jamais... surtout après ce que je viens d'apprendre.
LENGLUMÉ.
Quoi donc?
NORINE.
Où avez-vous passé la nuit, Monsieur?
LENGLUMÉ.
Ça, je ne serais pas fâché de le savoir... Mistingue non plus. (Le cherchant du regard.) Tiens! où est-il donc?
NORINE.
Eh bien! je vais vous le dire : Vous vous êtes roulé dans l'orgie, chez des liquoristes de bas étage!
LENGLUMÉ.
Moi?
NORINE, lui tendant un papier.
Chez la mère Moreau!
TOUS.
Oh!
NORINE.
Osez le nier! voici la note de vos déportements! (Lisant.) « Trois bocaux de cerises à l'eau-de-vie!.. deux idem de prunes! »
LENGLUMÉ, se rappelant.
Ah! les noyaux!.. les noyaux!..
NORINE, lisant.
« Plus : un bonnet de femme, un soulier du même sexe et un tour en cheveux appartenant à la demoiselle de comptoir. »
LENGLUMÉ.
Ah! je comprends!.. je comprends!..
NORINE.
Total : soixante-quatre francs.
LENGLUMÉ.
C'est chacun trente-deux... Mistingue!.. où diable est-il passé?
NORINE.
Et vous étiez tellement abruti par l'alcool, qu'il a fallu vous enfermer dans la cave au charbon!
LENGLUMÉ.
Attends! (Fouillant à sa poche.) il m'en reste un morceau... Je vais t'expliquer...
NORINE.
On nous attend pour le baptême, Monsieur; mais nous causerons ce soir.
LENGLUMÉ, à part.
La nuit sera orageuse!.. Il faudra que je me fasse pardonner! (On entend ronfler dans l'alcôve.)

TOUS.
Qu'est-ce que c'est?

LENGLUMÉ.
Sapristi!.. est-ce que j'aurais ramené un troisième labadens?
(Justin ouvre les rideaux de l'alcôve. On aperçoit Mistingue couché tout habillé sur le lit*.)

TOUS.
Encore lui!

LENGLUMÉ.
Ah çà! il ne sortira donc pas de mon lit? Donne-moi ma canne!.. (Se ravisant.) Ou plutôt non!.. ne le réveillons pas... Justin!

JUSTIN.
Monsieur?

LENGLUMÉ, montrant Mistingue.
Tu vois bien ce colis... dès que nous serons partis... tu lui colleras dans le dos une étiquette, avec cette inscription : « *Cuisinier pour Brunswick. — Fragile.* » Après quoi, tu le déposeras à la gare de Strasbourg... bureau des marchandises... Aies-en bien soin... c'est un labadens!

CHŒUR.
Air de *Mangeant*.

Ah! rions des suites
De notre frayeur;
Nous en voilà quittes,
Enfin, pour la peur!

LENGLUMÉ, au public.

AIR : *Tu n'as pas vu ces bosquets de lauriers.*

Tous nos forfaits doivent vous étonner;
Mistingue et moi, nous sommes sans malice.
Ne soyez pas prompts à nous condamner,
Et pesez bien tout dans votre justice.
Nous désirions, nous osions espérer,
Vous faire rire au gré de votre attente.
L'intention est à considérer;
Aussi, Messieurs, nous venons implorer
La circonstance atténuante.

CHŒUR, REPRISE.
Ah! rions des suites, etc.

FIN.

IMPRIMERIE L. TOINON ET Cⁱᵉ, A SAINT-GERMAIN

www.ingramcontent.com/pod-product-compliance
Lightning Source LLC
Chambersburg PA
CBHW060502050426
42451CB00009B/771